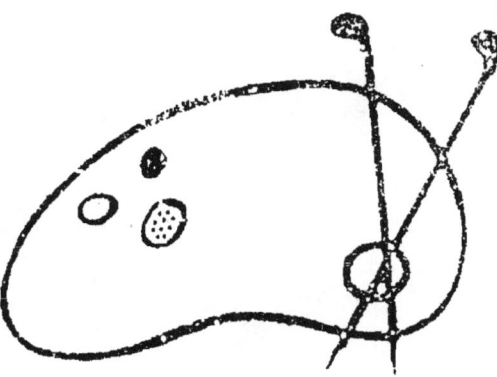

Début d'une série de documents en couleur

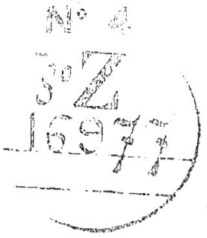

LES
Premiers Stoïciens

PAR

HAN RYNER

Supplément aux "Cahiers de l'Université Populaire"
157, Faubourg Saint-Antoine, 157

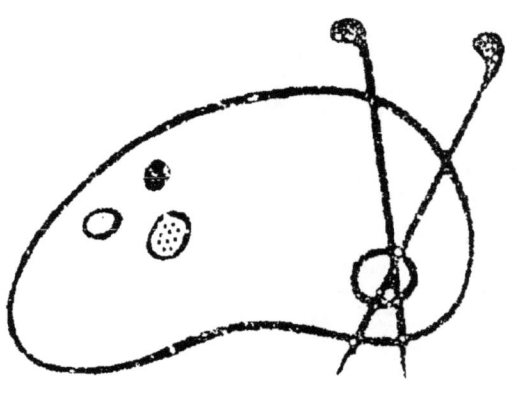

Fin d'une série de documents en couleur

N° 4

LES
Premiers Stoïciens

PAR

Han RYNER

Supplément aux " Cahiers de l'Université Populaire "

157, Faubourg Saint-Antoine, 157

LES PREMIERS STOÏCIENS

Camarades,

Dans l'individualisme de la volonté de puissance, tel que l'ébauchèrent les sophistes Gorgius, Polus et Calliclès, dans l'individualisme de la volonté d'harmonie tel que l'ébauchèrent les sophistes Prodicus de Céos et Socrate, nous avons rencontré un positivisme moral singulièrement ferme déjà, mais où nous avons regretté plus d'une fois je ne sais quoi d'un peu étroit et d'un peu pauvre. Chez les disciples qui continuèrent dans deux directions divergentes, la sophistique socratique : Aristippe et les cyrénaïques, d'une part ; d'autre part Antisthène et les cyniques, nous avons retrouvé la même hardiesse pratique et la même timidité théorique.

Ce soir, les Stoïciens ne nous donneront pas de tels regrets : Le stoïcisme est une doctrine aussi complexe, aussi complète et aussi riche qu'on peut le désirer. Il a construit, avec des blocs d'affirmation, un des deux grands systèmes de l'antiquité, une des deux cités imposantes et d'apparence indestructible où se réfugieront toujours les esprits craintifs, ceux qui auront besoin de se croire en sûreté derrière des remparts de certitudes.

Je ne compte pas le platonique parmi les grands systèmes. Il y a bien un système qui s'appelle le platonisme, mais il n'est pas dans Platon. Et même ce flottant syncrétisme, mi-philosophique, mi-religieux, étonnerait beaucoup, s'il pouvait le connaître, Platon, merveilleux et large poète qui touche à tout, mais qu'il n'oublie jamais qu'il est un poète.

Au contraire, Aristote, le premier des grands esprits rigoureux et exigeants qui portèrent une méthode scientifique en dehors du domaine de la science et qui crurent pouvoir avec du génie et de la hardiesse bâtir un extra-monde, est le constructeur du grand système dualiste, du grand système où l'univers et Dieu sont deux êtres distincts. Merveilleusement complet, l'aristotélisme satisfera toujours les esprits qui ont une tendance à séparer le créateur et la création et le christianisme, la grande religion dualiste, s'est jeté avec enthousiasme dans ce refuge dès qu'il l'a connu. Comme ces animaux marins qui ont besoin d'une coquille pour protéger leur mollesse pauvre et qui ne savent pas la construire eux-mêmes, ls christianisme s'est installé dans cette philosophie vacante et il a obtenu d'Aristote l'aumône royale d'une doctrine habitable.

Eh! bien, si demain une religion moniste se formait, une religion qui confondrait ensemble Dieu et l'Univers, et qui adorerait d'un seul élan le Créateur-Création, elle emprunterait la doctrine des premiers Stoïciens ou inconsciemment elle l'édifierait de nouveau. Il y a là un palais inhabité, aussi vaste que l'aristotélisme, aussi beau, aussi solide et d'une architecture plus unie encore. Vous sentez dès maintenant que j'aime dans ces premiers Stoïciens non seulement les moralistes hardis et les artistes moraux qui surent faire de leur vie et de leur pensée une harmonie supérieure, mais encore de grands poètes de la métaphysique. Vous sentez aussi combien ils m'inquiètent, ces poètes qui se croient des savants, qui ignorent que le regard d'extase doit être complété et corrigé par le sourire de supplice; ces hommes absolus et dogmatiques qui posent lourdement leurs pieds sur les terrains les plus fuyants, et, sortis sans s'en apercevoir du domaine ferme, marchent dans la poésie avec une lourdeur gauche, appuyée et qui s'enlise.

Vous me direz, et l'objection s'impose en effet, que ma générosité pour les Stoïciens me rend injuste envers notre ami Epicure. Lui aussi avait une doctrine complète : sa sagesse pratique s'appuyait d'une part sur une métaphysique; — ou, comme disaient les anciens, sur une physique; — d'autre part sur une logique — ou, comme il disait, sur une canonique.

Mais à considérer l'ensemble et la liaison intérieure des deux philosophies, il y a entre le stoïcisme et l'épicurisme une différence capitale. La métaphysique et la logique d'Epicure sont trop visiblement de pauvres servantes de son éthique. Epicure cherche le bonheur toujours, jamais la vérité désintéressée. Il demande uniquement à la science de le délivrer des opinions qui le font souffrir et des vaines terreurs. Mais si, un instant, la science, par ses tendances déterministes, lui semble dangereuse pour sa félicité, ah! comme promptement et délibérément il se débarasse d'elle. Il la méprise à ces moments-là, au-dessous de sa grande ennemie ordinaire, la Religion. « Il vaut mieux, s'écrie-t-il, croire aux fables qui concernent les dieux que s'asservir à la fatalité des physisiens. La fable, en effet, nous laisse l'espoir de fléchir les dieux par les honneurs, tandis qu'on ne peut fléchir la nécessité ».

Les Stoïciens, au contraire, sont arrivés à une doctrine où rien n'est sacrifié, à une doctrine dont les parties forment un tout réel et vivant. Les divers éléments de leur philosophie se répondent, se rattachent hamonieusement les uns aux autres, se commandent et s'appellent réciproquement, se soutiennent et s'entr'aident comme les membres d'un animal. Plusieurs d'entre eux prétendaient qu'on pouvait exposer leur système aussi clairement et solidement en commençant par la logique, par la métaphysique ou par la morale.

Etudions successivement les premiers Stoïciens et le premier stoïcisme. Réjouissons-nous d'abord et fortifions-nous à voir à l'œuvre ces grands artistes moraux. Nous nous réjouirons ensuite et nous nous attristerons devant la doctrine qu'ils édifièrent, devant ce vaste et puissant poème, mais qui a le tort naïf de s'affirmer comme la seule expression exacte du réel.

. .

Zénon, le fondateur du stoïcisme, est né à Cittium, dans l'île de Chypre. La ville, hellénisée depuis longtemps, était une ancienne colonie phénicienne. Zénon descendait sûrement des premiers colons et nous voyons continuellement ses ennemis et même ses amis, choqués par ce qu'il y avait en lui de sémitique, railler son origine. Cratès, son premier maître, l'appelait, non sans une pointe de dédain : le petit phénicien. Timon, le satirique, injurie « cette vieille gueuse venue de Phénicie. » Dans la longue période d'inquiétude douloureuse où, après avoir abandonné le cynisme, il errait d'école en école à la recherche de lui-même, il semble que sa race lui valut des injures et peut-être des mauvais traitements. En vain « le petit phénicien » se faisait plus petit, en vain il se tenait immobile et silencieux dans les endroits les plus obscurs, toujours on le découvrait pour l'insulte et la brimade. Les péripatéticiens eux-mêmes, qui se vantaient d'être les plus aimables et les mieux élevés des philosophes, lui criaient :

« Tu as beau te cacher, nous savons que tu es là à nous voler nos dogmes, que tu iras ensuite habiller à la phénicienne. »

Mais il avait reçu une éducation toute grecque. Il avait indiqué, dès son enfance, du goût pour la philosophie spéculative, et il avait lu avec émotion l'admirable poème d'Héraclite, *Sur la Nature*.

De famille très riche, il possédait personnellement plus de mille talents, c'est-à-dire qu'il était six fois millionnaire. Mais sa fortune était toute entière engagée dans le commerce maritime, et une tempête suffit à le ruiner.

A la suite du naufrage de ses marchandises, il vint à Athènes. Venait-il dans la ville riche essayer de rebâtir sur des fondements nouveaux une nouvelle opulence ? Venait-il dans la capitale de la philosophie pour entendre de grandes paroles et se donner à la pensée et à la vie philosophiques ? Peut-être n'avait-il, dans le trouble qui suit un si grand choc, aucun projet arrêté. Peut-être était-il partagé entre deux désirs dont il ne savait encore lequel triompherait.

Il était depuis peu dans la ville quand il s'assit par hasard auprès d'une boutique de librairie. Ne vous représentez pas, camarades, cette boutique sur le modèle des librairies d'aujourd'hui. Imaginez un magasin en plein vent ; l'étal supporte des rouleaux qui sont les volumes à vendre. Les plus précieux sont enfermés dans des coffrets dont quelques-uns sont de cèdre. Le marchand, assis sur un siège élevé, est entouré d'esclaves accroupis et qui écrivent. Il dicte à haute voix. Chaque scribe produit un exemplaire. Des passants riches s'arrêtent pour choisir un livre ; des pauvres s'attardent à écouter pieusement la lecture qui ne leur est point destinée. Parmi ces pauvres, le petit phénicien est un des plus attentifs. Car ce qu'on dicte aujourd'hui, c'est le livre où Xénophon a recueilli curieusement les plus belles paroles de son maître Socrate. L'enthousiasme du petit phénicien devient exubérant ; ses voisins le regardent avec des sourires, et lui, soudain, se lève. « Où rencontre-t-on, demande-t-il, des gens semblables à ce Socrate ? » Le marchand, peut-être railleur, désigne un petit bossu qui passait à l'autre bout de la place : « Tu n'as, dit-il, qu'à suivre cet homme. » Et Zénon suivit cet homme.

Le petit bossu était Cratès, disciple de Diogène et le plus connu des cyniques du moment.

Zénon dût goûter, dans la fréquentation de ce premier

maître, des joies vives et profondes, mais que troublait d'abord un peu d'inquiétude, qu'ensuite écrasèrent de plus en plus les déceptions accumulées.

Il aimait dans Cratès tout le côté socratique, la fierté avec laquelle le cynique méprisait « les généraux d'armées comme des conducteurs d'ânes », l'orgueil avec lequel il proclamait : « Mon dédain pour la gloire et pour l'argent, voilà ma patrie » ou encore : « Je suis citoyen, non de Thèbes, mais de Diogène. » Il aimait la hauteur avec laquelle cet homme avait répondu quand Alexandre lui demandait : « Veux-tu que je rétablisse ta ville ? — Pourquoi ? pour qu'un autre Alexandre puisse la détruire de nouveau ?... » Il aimait dans Cratès la volonté puissamment spontanée qui lui avait fait abandonner comme un embarras, de grandes richesses. Zénon se sentait inférieur, lui qui n'avait pas sacrifié une fortune actuelle, mais seulement l'esprit de reconquérir des richesses perdues. « Un naufrage, disait-il, m'a conduit au port. » Cratès était un meilleur pilote, qui avait découvert lui-même le refuge et qui y avait abordé malgré vents et marées.

Mais, à côté de ces motifs d'admiration amoureuse, combien de détails choquaient le délicat phénicien. Tout le côté proprement cynique le blessait, toute cette attitude théâtrale et bouffonne, ce besoin continuel d'attirer des spectateurs et des auditeurs, cette façon de se déformer soi-même dans l'espoir fou de former les autres et de cesser d'être un homme simple pour devenir un grossier instrument de propagande. « Je suis, disait Diogène, comme les maîtres de musique qui forcent le ton pour y ramener leurs élèves. » Et Cratès forçait le ton plus encore que Diogène. Etre un musicien et non un maître de musique ; ne jamais forcer le ton ; dépasser la révolte inévitable du début comme on oublie le sursaut du réveil et devenir une harmonie, un homme qui ne s'étonne point de veiller et qui marche en souriant dans une vie où tout est d'accord : voilà quel était l'idéal encore informulé de Zénon. Et Cratès, le plus grossier et le plus indiscret des cyniques, était loin de réaliser cet idéal. Diverses anecdotes, qui m'attarderaient trop, montrent l'hostilité qui grandissait entre le maître et le disciple. Je retiens seulement la dernière, le geste déplaisant qui amena la rupture.

Le bossu Cratès était aimé d'une femme jeune et belle. Hipparchia avait abandonné, pour le suivre, sa famille, sa fortune, une cour d'admirateurs et toutes les espérances qu'une grande situation mondaine peut faire chanter au cœur d'une jeune fille. Elle avait embrassé avec enthousiasme et sans réserve la vie cynique, mélange de noblesse courageuse et de bouffonnerie apostolique.

Les cyniques prétendaient que la pudeur est un sentiment artificiel créé par la Cité. Ils mettaient toujours d'accord leur pensée et leur conduite. Et Cratès possédait Hipparchia publiquement.

Un jour, le petit phénicien (ah! comme il dut souffrir) assista malgré lui au spectacle fou. La foule nombreuse l'empêchait de se sauver, le maintenait auprès du couple qui, sous les huées, les rires, les projectiles de la populace, s'épousait pour prêcher d'un exemple courageux ce qu'il croyait la vérité. Zénon, tout rougissant, prit son manteau, le jeta sur les amants, et s'enfuit pour ne plus revenir.

A quelque temps de là, Cratès rencontrait le disciple infidèle parmi ceux qui accompagnaient Stilpon, le péripatéticien, ou Polémon, le platonicien. Il essayait de le reconquérir et, suivant la coutume agaçante des cyniques, il joignait le geste à la parole, saisissait le jeune homme par son vêtement, comme pour une violence symbolique. Mais Zénon se dégageait avec une douceur ferme : « O Cratès, dit-il spirituellement, ignores-tu donc qu'un philosophe ne peut être pris que par l'oreille ? »

Vingt ans, il erra d'école en école. Nulle part ses inquiétudes ne trouvaient le repos et sa tempête intérieure le port désiré. C'est en lui même qu'il finit par découvrir le principe d'harmonie ; et les matériaux qu'il emprunta aux uns et aux autres, il les fit vraiment siens par l'heureuse et nouvelle disposition qu'il leur donna.

Le premier point qui frappe dans son enseignement c'est — moitié mutuel sans doute, moitié créé par la réaction contre tous ses maîtres, — un besoin âpre de fuir la foule. Il choisit, pour y tenir son école, le Pœcile, portique où quatorze cents citoyens avaient été mis à mort sous la tyrannie des Trente, et que, depuis lors, tout le monde fuyait comme un lieu de malheur et de crime. Il s'y promenait souvent, dit Diogène, lui-même étonné, avec seulement deux ou trois disciples. Parfois la foule curieuse, attirée par sa réputation venait l'entourer. Mais, il savait les mots qui écartent les indifférents. « Autrefois, leur disait-il à peu près, il y avait une barrière au milieu de notre promenade ; nous l'avons repoussée plus loin parce qu'elle nous gênait. Vous ressemblez à cette barrière, mais vous lui êtes supérieurs en un point : vous avez des jambes qui vous permettront d'aller de vous-même plus loin, dans un lieu où vous ne nous gênerez plus. »

D'ailleurs, sa parole simple, exempte de toute fantaisie, laconique et obscure, ne convenait pas au peuple, et la tentation de venir l'entendre était rare chez les non initiés.

Un jour, un auditeur d'occasion se plaignait de ce que les philosophes employaient des formules trop rapides et que leur concision empêchait d'être claires pour tout le monde : « Pour moi, dit Zénon, je voudrais abréger jusqu'aux syllabes. »

Ainsi il repoussait les curieux pour lesquels il ne pouvait rien. Il voulait se donner uniquement aux quelques-uns qu'il pouvait servir, aux quelques-uns qui avec son aide se découvriraient eux-mêmes et réaliseraient leur propre harmonie. Il avait la joie de réussir. On lui faisait remarquer que Théophraste était toujours entouré d'une multitude d'auditeurs : « Oui, démarqua dédaigneusement Zénon, Théophaste conduit un chœur plus nombreux ; mais le mien est mieux d'accord. » Le mots *accord*, *harmonie*, revenaient dans tous ces discours. L'accord avec soi-même, le grand enseignement moral qu'il se donnait, et qu'il donnait aux autres, il le résumait dans cette formule : « vivre harmonieusement. »

Cette formule est la plus belle et la plus individualiste que je connaisse. Mais comme toutes les sentences fortes et ramassées elle reste obscure pour ceux qui ne veulent rien comprendre, équivoque pour ceux qui veulent toujours autre chose que ce qu'on dit. Cléanthe aura le tort de reculer devant les difficultés soulevées par les péripatéticiens, et, abandonnant le précepte si plein, si merveilleusement replié sur lui-même, si *sphérique*, pour parler le langage stoïcien, de revenir à la formule cynique qui lui en paraît peut-être le développement et qui n'en était que l'ébauche : « Vivre harmonieusement à la nature. »

Ce n'est pas seulement pour des raisons morales, c'est aussi pour des motifs intellectuels que Zénon avait abandonné les cyniques. Il n'était pas seulement blessé de leur grossièreté, de leur absurde besoin de propagande, de la naïveté avec laquelle ils croyaient s'affranchir de la coutume en faisant toujours le contraire de ce qu'elle ordonnait et, sans s'apercevoir que la préoccupation de désobéir est aussi puérile que celle d'obéir, devenaient les esclaves éternels de leur révolte. L'ancien lecteur d'Héraclite ne trouvait pas dans le cynisme, méthode de vie plutôt que philosophie complète, les satisfactions logiques et métaphysiques dont son esprit était avide. Il se construisit une doctrine plus riche et dont toutes les parties lui semblaient également nécessaires. La philosophie, disait-il, est semblable à un animal : les os et les nerfs sont la logique; la chair est la morale; l'âme est la physique. Une autre comparaison célèbre dans l'école — mais nous ignorons si elle vient de Zénon ou de Cléanthe — considérait la philosophie comme un jardin : la logique, c'est la haie qui le défend contre les bêtes, la physique c'est la terre et les arbres; la morale, voilà le fruit. Les cyniques apparaissaient à Zénon des insensés qui croient que la chair peut se soutenir sans la charpente des os, peut marcher sans la vie et la force; des naïfs qui espèrent cueillir des fruits là où il n'y a point d'arbres, et où le piétinement du troupeau empêche qu'il en puisse grandir.

La vie de Zénon était harmonieuse avec sa doctrine. On disait : « Tempérant comme Zénon. » Mais il n'aurait pas voulu — et ce trait est bien grec — qu'on prît certaines abstentions qui lui étaient naturelles pour des nécessités philosophiques. Il était loin de l'ascétisme triste. Comme Socrate, il savait s'égayer dans un repas sans rien perdre de sa dignité. De tempérament froid et chaste, il prit sur lui d'avoir trois ou quatre fois dans sa vie des relations avec des femmes pour que ses disciples ne furent point portés à croire qu'il condamnait le baiser.

Sa mort fut une harmonie simple et discrète comme sa vie. Il avait 72 ans d'après les uns, 98 d'après les autres, lorsque, s'éloignant du portique où il venait de prononcer une fois de plus des formules nobles et pleines, il fit une chute. En tombant, il se cassa un doigt. Alors, frappant doucement sur le sol, il dit en s'adressant à la terre, un vers tragique qui signifie à peu près : « Tu n'as pas besoin de m'appeler, je viens de moi-même. » Et, rentrant chez lui, il se laissa mourir.

Les disciples directs de Zénon sont, — outre Ariston de Chios et Cléanthe le mysien, dont je vous parlerai un peu longuement — Persée de Cittium, Hérille de Carthage, Denys d'Héraclès, Sphærus du Bosphore, Athénodore de Soles, Calippus de Corinthe, Posidorius d'Alexandrie, Zénon de Sidon. Je cite ces noms d'hommes et de villes pour vous faire remarquer que la plupart des premiers stoïciens sont des demi-grecs venus des îles ou de l'Asie-Mineure. Pas un seul Athénien ne se trouve dans cette liste. On sent toujours entre le sémite Zénon et les citoyens d'Athènes, sinon une hostilité précise, du moins quelque dédain et quelque incapacité à se comprendre rapidement.

*
* *

Ariston de Chios, surnommé la Sirène pour son éloquence musicale et persuasive, est l'homme le plus brillant de la première génération du stoïcisme. Et, dans la dogmatique morale, il semble le véritable continuateur de Zénon. Pour lui comme pour Zénon, la moralité est une beauté et une forme. Elle est l'harmonie que nous mettons entre tous les actes qui composent notre vie. Une action considérée à part et non dans son rapport avec l'ensemble de notre conduite, n'a ni moralité ni immoralité, ne peut pas plus être louée ou blâmée qu'une note de musique si on la détache de l'harmonie qu'elle trouble ou qu'elle complète. Comme Zénon aussi, il croyait qu'il n'existe qu'une seule vertu : elle prend différents noms selon les circonstances, selon la matière qu'elle travaille, mais l'ouvrier ne change pas de nature.

Sur ces deux points, Ariston est plus fidèle à l'enseignement de Zénon que Cléanthe, son successeur officiel.

Mais, en revanche, il abandonnait la métaphysique comme au-dessus de la portée de l'esprit humain et la dialectique comme inutile. Il comparait dédaigneusement les arguments de la logique aux toiles d'araignée qui témoignent de beaucoup d'habileté mais dont nous ne pouvons faire aucun usage. Il y avait là, aux yeux des stoïciens fidèles, un recul, une apostasie, un retour à la pauvreté dogmatique des cyniques. En outre, le caractère d'Ariston, séduisant et non exempt de coquetterie, son amour du succès populaire, détournait l'austère Zénon de cette nature superficielle et élégante. Il préféra, pour lui confier la suite de son enseignement, le lourd et solide Cléanthe.

*
* *

Cléanthe, longtemps athlète, se donna tard à la philosophie ; mais il est de belles amours tardives.

A 48 ans seulement il vint à Athènes. Il y arriva avec une fortune de quatre drachmes, c'est-à-dire d'un peu plus de trois francs. Comme on voyait cet homme sans ressources passer toutes ses journées à écouter Zénon, les soupçons ne tardèrent pas à l'entourer. Bientôt il fut appelé devant un tribunal pour rendre compte de ses moyens d'existence. Le timide Cléanthe ne répondit pas lui-même, mais il laissa parler deux témoins qu'il avait amenés. Un vieux jardinier de la banlieue dit : « Chaque soir, quand cet homme quitte Zénon et le Portique, il vient jusqu'à mon jardin et il tire du puits l'eau nécessaire pour l'arrosage du lendemain. En échange de ce travail, je lui donne quelques oboles. » Une vieille boulangère déclara : « Chaque nuit, quand cet homme quitte le jardinier et le jardin, il accourt chez moi, il blute ma farine, et je lui donne quelques oboles. » Les juges furent émus de cette vertu mais au lieu de rougir de la folie indiscrète qui leur avait fait citer un homme si supérieur à eux; ils persistèrent dans leur sotte prétention de juger, et puisqu'ils ne pouvaient punir, ils se crurent le droit de récompenser. Ils lui décernèrent une somme de dix mines — environ sept cents francs — que, sur le conseil de Zénon, Cléanthe refusa. Voilà tout ce que nous savons de cet incident célèbre. Mais j'aime les beaux spectacles et il me plaît de reconstituer, avec de la logique et de l'imagination, la scène tout entière et sa vie émouvante :

Après le témoignage du jardinier et de la boulangère, il me semble voir le petit phénicien, frapper sur l'épaule du gigantesque athlète devenu son disciple et lui dire : « Maintenant c'est le tour des magistrats de parler, il ne peut plus être prononcé ici que des phrases de stupidité et des mots de laideur. Eloignons-nous de ce mauvais lieu où nous n'avons plus rien à faire. Revenons à notre cher Portique tout peuplé de nos pensées d'hier, tout frémissant vers nos pensées de demain. »

Or en arrivant au Portique, ils trouvèrent trois ou quatre disciples, parmi lesquels le jeune et brillant Ariston de Chios qui parvenait à peine à cacher son mépris pour le gauche Cléanthe et sa jalousie contre ce nouveau venu auquel allait maintenant toute l'affection du maître.

Zénon, parole méditative et lente, Cléanthe, parole tâtonnante et embarrassée, avaient échangé peu de mots lorsqu'un magistrat se présenta accompagné d'un esclave qui portait un sac. Le magistrat, avec un geste stupidement protecteur, interrompit le dialogue et il dit : « O Cléanthe, nous ne sommes pas seulement les persécuteurs des vices nous sommes aussi les soutiens de la vertu. Si nous avons des punitions pour les méchants, nous avons des récompenses pour les bons. Nous voulons encourager ton amour de la philosophie et ton amour au travail. C'est pourquoi nous t'avons voté une somme de dix mines que cet esclave va te remettre. Permets que je me félicite d'avoir été choisi pour t'apporter la bonne nouvelle; permets aussi que j'embrasse un homme dont j'admire la vertu. » Heureux de se montrer si bienveillant pour un pauvre et si généreusement éloquent, le magistrat bras ouverts, fit même le premier pas vers Cléanthe. Mais le courageux manœuvre eut un mouvement de recul; et il se taisait, et il regardait son maître comme on appelle un secours. Car il ne trouvait aucune parole pour dire le chaos de ses sentiments.

Zénon parla en ces termes : « Tu le vois, mon fils bien-aimé, la folie des juges est incurable. Ceux-ci persistent dans leur indiscrétion et leur impertinence. Ils aggravent même, les pauvres inconscients, leur premier geste. Voici qu'ils se croient les arbitres de la vertu; voici qu'ils croient, ces esclaves vils, pouvoir honorer et récompenser mon Cléanthe, mon cher et vaillant second Héracle. Parce qu'ils sont avides d'argent, ils t'envoient de l'argent. O mon fils, un cynique aurait la naïveté de chercher un geste ou un mot que ces imbéciles puissent comprendre « toi, supérieur du cynique, tu feras, sans te préoccuper d'eux, le geste harmonieux à toi-même. Et tu refuseras leur argent avec mépris, non pour essayer de leur enseigner quelque chose, mais parce que Cléanthe est Cléanthe. »

Alors les yeux du disciple furent heureux. Et, soulevé de joie, il parla lui aussi : « Que ces deux esclaves, dit-il, reviennent donc vers ceux qui les envoient. Que celui qui porte de l'or retourne avec son fardeau pauvre. Mais l'autre, s'il le peut, rapportera, trésor bien fuyant et fragile pour sa maladresse, les paroles précieuses que mon maître vient de lui confier. »

Tandis que le magistrat s'éloigne en haussant les épaules,

je crois voir le jeune et subtil Ariston pousser du coude son voisin et murmurer : « Ces vieux sont absurdes. Comme si on ne peut pas créer une harmonie où la douce musique de l'or ait sa place... » Cependant Zénon et Cléanthe se regardaient, et leur regard, plus digne, plus contenu, plus viril, avait pourtant toute la valeur significative de l'élan mutuel auquel on cède et du baiser qu'on échange.

C'est à Cléanthe, parce qu'il pensait fortement et parce que sa vie était une harmonie, que Zénon confia la suite de son école. « Mon Cléanthe, disait Zénon, ressemble à des tablettes enduites de cire forte sur lesquelles on écrit difficilement mais qui gardent plus longtemps que les autres ce qu'on leur a confié. »

Le timide Cléanthe se félicitait de sa timidité : « Heureux défaut, disait-il, et qui m'a épargné bien des fautes. »

Il avait pourtant de l'esprit à sa manière et ses répliques ne manquaient pas d'un certain mordant. Un jour quelqu'un l'appela âne. Cléanthe, avec un mélange de lourdeur et de fierté, avec je ne ne sais quelle bonhomie qui rit un peu fort et qui piaffe, répondit : « mais oui, je suis l'âne de Zénon, et seul j'ai la force de porter le fardeau de sa sagesse ».

L'enseignement de Cléanthe fut peu original. Les titres de ses ouvrages nous les montrent comme des commentaires de Zénon et des précisions de détail.

Mais cet homme lourd, gauche, timide, soutenu par la continuité noble de sa pensée et de son effort, écrivit un jour un chef-d'œuvre, une des poésies les plus pleines, et les plus fermes que nous ait laissées l'antiquité. Dans son fameux *Hymne à Jupiter* où, sous le nom du dieu populaire, Cléanthe célèbre le dieu stoïcien, l'Ordre confondu avec la Force, c'est la raison même qui devient enthousiasme et c'est la parole qui vibre et chante comme les cordes d'une lyre : « Rien ne se fait sans toi sur la terre, ô dieu, rien dans le ciel éthéré et divin, rien dans la mer... Par toi, ce qui est excessif rentre dans la mesure, la confusison devient ordre, et la discorde harmonie. Tu fonds ce qui est bien avec ce qui ne l'est pas, de telle sorte qu'il s'établit dans le tout une loi unique et éternelle...».

A quatre-vingt-dix-neuf ans, Cléanthe eut un abcès dans la bouche et le médecin lui ordonna quelques jours de diète. Quand le médecin le trouva guéri et lui permit de prendre de la nourriture, le vieux philosophe, sentant qu'il avait dit ce qu'il avait à dire, qu'il avait fait ce qu'il avait à faire, déclara qu'après avoir accompli la moitié du chemin de la mort ; il ne prendrait pas la peine de revenir en arrière. Il continua de s'abstenir d'aliments et se laissa glisser doucement dans l'enthanasie.

* * *

Chrysippe, le successeur de Cléanthe, est le grand intellectuel du stoïcisme, le véritable fondateur de la doctrine. On disait : « Pas de Chrysippe, pas de l'ortique. »

Sur la vie de Chrysippe, nous avons des renseignements contradictoires. Certains textes nous le représentent comme un avare et même comme un usurier. Pourtant quelques-uns des blâmes que lui adressent ses adversaires nous paraîtront de grandes louanges. Il fallait qu'il eût un caractère bien méprisant, remarque Diogène Laërce, puisque sur sept cent cinq ouvrages qu'il écrivit, il n'en dédia pas un seul à un prince. On lui reprochait encore de ridiculiser les gains qu'on fait en recevant de l'argent de la main des princes, ce qui force, prétendait-il, à ramper devant eux ; ceux qu'on fait en acceptant des services de ses amis, ce qui, à son avis, déforme l'amitié en commerce d'intérêt ; ceux qu'on fait en recevant un salaire pour l'enseignement de la sagesse, ce qui métamorphose cette reine en une pauvre mercenaire inquiète.

Les textes de Chrysippe dont on se sert pour l'accuser se trouvent pour la plupart dans un livre de Plutarque intitulé : *Des contradictions des stoïciens*. Plutarque nous est extrêmement précieux parce qu'il nous a conservé sur toutes sortes de sujets intéressants des renseignements que sans lui nous ignorerions. Mais ce prêtre de Chéronée, ce curé de petit village, est un bien pauvre esprit et qui discute le plus souvent avec l'inconsciente mauvaise foi et l'inintelligence d'un vicaire. Il reproche très vivement à Chrysippe la coutume d'exposer le pour et le contre avec une force égale et de présenter sans les affaiblir non seulement les arguments donnés par l'adversaire, mais encore des arguments que l'adversaire n'aurait pas trouvés de lui-même. Cette extraordinaire loyauté intellectuelle est bien faite pour étonner un prêtre. Plutarque déclare d'ailleurs que souvent il se perd dans l'exposition touffue de Chrysippe et qu'il ne sait plus quelle est la véritable opinion du philosophe. Je crois, en effet, que plus d'une fois les textes dont Plutarque lui fait grief sont des objections auxquelles Chrysippe répondait d'autre part et non les véritables et définitives solutions.

Chrysippe était, d'ailleurs, un esprit très subtil, et qui prenait un plaisir presque pervers aux jeux dialectiques. Raisonneur merveilleusement fécond en ressources — si les dieux, disait-on, usaient de la dialectique, ce serait de celle de Chrysippe — il s'amusait volontiers aux tours de force logiques et aux formules paradoxales. Toutefois, ceux qui lui reprochent comme subtilité inutile et récréation dangereuse sa coutume d'exposer le pour et le contre, n'ont pas, me semble-t-il, pénétré assez profondément l'essence et la méthode du premier stoïcisme.

Chrysippe avait conscience de la synthèse qu'il était. Il voyait l'effort de Zénon unir d'un lien trop faible encore des idées cyniques et des idées péripatéticiennes. Il voyait les éléments du stoïcisme de dissocier de nouveau avec Ariston et Cléanthe. Lui les reprenait, les examinait avec soin, fondant enfin la thèse cynique et l'antithèse aristotélique dans une vaste et durable synthèse. J'ai d'autant moins scrupule à emprunter les termes du vocabulaire hégélien que Hégel me paraît avoir restauré un des aspects du stoïcisme. Si vous me permettez de mettre, à la manière cynique, un peu de vérité dans un peu de fantaisie, je crois voir Chrisippe sortir d'un cours de Hégel. Et le grand stoïcien déclare en souriant : Cet hyperboréen ne donne pas une trop mauvaise exposition de la doctrine. Il sait que le nécessaire et le logique se confondent. Je lui reprocherai pourtant d'introduire dans la morale des éléments bas et serviles, et, oubliant la réserve indispensable de Cléanthe : « Rien ne se fait sans toi, ô Jupiter, *excepté les crimes que les méchants commettent dans leur folie* » de prendre l'histoire pour la nature, et adorer le fait humain en même temps que la loi divine... Ce barbare a aussi la naïveté de croire qu'il n'y a qu'une méthode, alors qu'il y en a trois ».

Chrysippe, en effet, rejetait les comparaisons par lesquelles ses prédécesseurs avaient établi les rapports des diverses parties de la philosophie. Pour lui, logique, métaphysique et morale forment un tout. On peut commencer indifféremment l'exposition par l'une ou par l'autre. On peut exposer toute la doctrine au point de vue logique (et c'est ce que fera Hégel) ou au point de vue métaphysique, ou au point de vue éthique.

Mais il est impossible de dire explicitement une de ces trois parties de la science unique et harmonieuse sans dire, au moins implicitement, les deux autres.

Les textes rares qui nous restent ne permettent pas de distinguer avec certitude ce qui appartient à Chrysippe de ce qui appartient à Zénon ou à Cléanthe dans la grande doctrine stoïcienne. Le seul point certain, c'est que la contribution de Chrysippe est de beaucoup la plus considérable ; et cette harmonie puissante, cette correspondance des diverses parties, cette vie nue du système qui frappait d'admiration jusqu'aux adversaires est l'œuvre surtout de ce vigoureux génie.

*
* *

Je ne ne m'arrêterai pas à la logique stoïcienne. Si je voulais être court dans une telle exposition, je m'embarrasserais à des termes techniques, à des formules obscures et épineuses. Si je voulais être clair, je m'attarderais vraiment trop.

Jetons du moins un rapide regard sur la métaphysique et sur la morale des Stoïciens. Leur métaphysique est d'ailleurs une logique de l'univers ; leur morale, une logique de l'homme.

Ici comme là, dans le macrocosme comme dans le microcosme, ils se refusent à séparer la pensée et l'acte. Qu'on la pose pour l'homme ou qu'on l'élargisse jusqu'au grand Tout, la question que j'appellerai, avec des termes trop modernes, le problème du primat de la volonté ou de l'intelligence n'a aucun sens pour les Stoïciens.

Leur métaphysique est un puissant monisme matérialiste. Pour les Stoïciens, tout ce qui existe est corporel. En dehors des corps, nous ne connaissons que le temps, l'espace et l'idée générale, c'est-à-dire des abstractions, des conceptions de notre esprit.

Mais qu'est-ce qu'un corps ? C'est ce qui est à la foi actif et passif. Pas de passivité sans quelque activité ; pas d'activité sans quelque passivité. La nature les unit toujours et partout.

L'élément passif de tout corps, c'est ce que nous appelons proprement la matière. A l'élément actif, nous donnons le nom force. Mais il ne peut pas y avoir de matière qui ne soit groupée et maintenue par la force. Il peut pas y avoir de force qui ne s'appuie sur quelque matière.

Quand nous considérons l'ensemble des choses, nous appelons univers l'unité de la matière ; nous appelons Dieu l'unité de la force. Ces deux éléments inséparables de la grande existence une qu'est le monde et de toutes les petites existences entre lesquelles elle semble se partager ressemblent beaucoup à ce que Spinoza appellera la Nature naturante et la Nature naturée. Mais le stoïcisme est un système plus complet et plus vivant encore que le spinozisme ; il ne s'arrête pas au point de vue mécaniste ; il est essentiellement dynamiste. Il est un monisme évolutionniste.

La force même, en dernière analyse, doit être conçue comme quelque chose de matériel. Les Stoïciens se la représentaient sous l'espèce et apparence du feu. Mais leur dieu n'est point le feu que nous connaissons, ce feu qui dessèche et qui détruit ; c'est un feu vivant et qui donne la vie ; c'est un feu intelligent et artiste ; c'est un feu extraordinairement subtil, qui pénètre et entoure toutes les parties de la matière. C'est quelque chose d'analogue à l'éther de la plupart des physiciens modernes, à la matière radiante de quelques savants contemporains.

Dieu, le feu artiste, n'est que force et que mouvement. Or, son mouvement est double : il s'éteint et il se rallume. Et ce rythme se traduit dans l'univers par des contractions et des dilatations. Une immense systole et une immense distole coétendues au monde, voilà le double phénomène essentiel qui produit tous les changements.

Une heure arrivera — et elle est déjà arrivée un nombre infini de fois — où le monde tout entier sera embrasé. Alors il n'y aura plus de monde ; il n'y aura plus que Dieu. Mais aussitôt Dieu recommencera à s'éteindre pour reconstruire l'univers. Et, quand le moment sera venu où Dieu sera tout entier monde, le monde recommencera à s'enflammer divinement. Ainsi toujours le double mouvement se succède et les choses tournent dans un cercle qui éternellement recommence. Et chaque cycle, chaque éternité, chaque « grande année » reproduit exactement les mêmes êtres et les mêmes phénomènes. Exactement, fidèlement, rigoureusement. Aucune modification n'est possible dans le mouvement nécessité par la force-matière. Rien ne peut sauter d'un cycle à l'autre, non pas même un de mes gestes, non pas même la plus obscure et la plus informulée de mes pensées, non pas même l'accent d'une de mes paroles.

L'hésitation que j'ai aujourd'hui sur une syllabe, je l'ai eue sur la même syllabe dans toutes les éternités accomplies ; je l'aurai sur la même syllabe dans toutes les éternités futures. Cette conception de la « grande année » était déjà dans Platon et dans Héraclite qui, même, l'avaient empruntée des Egyptiens et des Chaldéens. Mais le fatalisme stoïcien lui donna le dernier degré de rigueur et de rigidité, forgea « l'anneau des anneaux » avec un métal plus solide et plus inexorable.

Vous voyez, camarades, que lorsque Nietzche, avec l'accent d'un homme ivre d'un vin qu'il croit nouveau, se proclame « le prophète du grand retour », il invente une bien vieille nouveauté.

Tel est le monde, tel est l'homme. Dieu est l'effort éterdu dans le monde ; la sagesse est l'effort étendu dans le sage. La force, pour les Stoïciens, ne se distingue pas de la raison. Socrate n'avait pas tort de croire que la science et la pratique vont toujours ensemble. Ce qui nous trompe souvent c'est que nous prenons pour science ce qui n'est que grimace et apparence de science. Le savant menuisier, ce n'est pas le sophiste qui peut parler avec élégance du rabot et de la scie, de la planche sciée et de la planche rabotée ; c'est celui qui est capable de raboter et de scier. Le savant statuaire, ce n'est pas le Gorgias qui peut, avec des mots, louer le ciseau et l'œuvre du ciseau, chanter Phidias et son Jupiter olympien ; c'est le Phidias qui a pu sculpter le Jupiter Olympien. Le savant philosohe, ce n'est pas Ariston qui parle avec éloquence de la vertu, mais qui ne pratique point la vertu. Non, le vrai savant, c'est ce Cléanthe, si lourd, si gauche, d'allure si embarrassée, et qui cherche ses mots, et qui bégaie et se heurte aux syllabes, et qui s'accroche au détour de chaque phrase, marchant dans sa période avec des tâtonnements aveugles. Oui, le vrai savant de la vie, c'est Cléanthe qui sait vivre et dont tous les actes, comme tous les coups de ciseau de Phidias, contribuent à dégager un chef-d'œuvre et une harmonie.

Ce chef-d'œuvre, nous pouvons l'appeler avec Zénon la vie harmonieuse ; avec les cyniques et avec Cléanthe, la vie harmonieuse à la nature ; avec les pythagoriciens, l'imitation de Dieu. Les trois formules sont équivalentes pour Chrysippe. Si je suis en harmonie avec moi-même, je suis nécessairement en harmonie avec la nature et je suis semblable à Dieu puisque je crée mon harmonie comme Dieu a créé l'harmonie universelle.

L'harmonie, la forme, la beauté, voilà ce qui importe seul. Mais il n'existe pas de beauté qui ne soit la beauté de quelque chose ; il n'existe pas de forme qui ne soit la forme de quelque matière.

En un sens, la matière de ma vie morale est indifférente. Phidias est un aussi grand artiste quand il modèle l'argile ou quand il frappe le marbre de son ciseau. Mais il y a des matières plus plastiques les unes que les autres ; et, parmi choses que je déclare indifférentes quand je les compare à cela seul qui mérite le nom de bien, à la beauté de ma vie, il en a qui sont à rechercher dans une certaine mesure, il y en a d'autres que j'évite si je le puis sans m'enlaidir.

On a dit souvent que les Stoïciens avaient les premiers employé le mot *devoir*. Il y a là, camarades, une erreur ou une confusion. On ne rencontre dans le stoïcisme rien qui ressemble à la folle conception moderne du devoir. Pour le stoïcien, je ne *dois* rien à personne, je n'ai pas de dette, je ne subis pas d'obligation, je ne suis pas l'esclave d'une puissance étrangère, concrète ou abstraite, Dieu ou impératif catégorique. Je suis un être naturel et qui remplit des fonctions naturelles. Le mot stoïcien qu'on traduit par *devoir* ne peut se traduire que par *fonctions*. Ou bien les Stoïciens auraient parlé des devoirs de l'animal et de la plante comme des devoirs de l'homme.

L'homme a une vie végétative et une vie animale. Il a donc d'abord les fonctions de tout vivant. Mais il a en outre des fonctions proprement humaines : savoir, par exemple, ou aimer les autres hommes. « C'est le propre de l'homme, disaient les Stoïciens, d'être philanthrope. » Et encore : « Il est naturel à l'homme d'aimer les autres hommes, non par intérêt, mais de cœur. » Et le beau mot que les premiers chrétiens ont employé noblement, que la décadence chrétienne a avili jusqu'à lui donner le sens d'aumône, le mot qui disait l'amour avec tout son cortège de grâces, de sourires, de spontanéités exquises, le mot *charité* vient des Stoïciens. Nous pouvons louer les Stoïciens d'avoir chanté les premiers la vaste « charité du genre humain ».

Ce large sentiment détruisait dans l'âme stoïque le respect

de la cité qui commet le double crime d'opprimer l'individu et de séparer des frères. Zénon, et tous les Stoïciens après lui, considèrent l'univers entier comme la patrie des hommes et des dieux ; et ils célèbrent la parenté naturelle qui unit en un seul peuple, en une seule famille, tout ceux qui participent à la raison.

Accomplir mes fonctions naturelles, cela ne suffit pas pour créer une moralité, une beauté et un bonheur vraiment humains. L'animal qui mange quand il a faim, et boit quand il a soif n'est pas encore un sage. Non plus l'homme qui instinctivement s'instruit de la vérité ou instinctivement aime ses semblables. Il faut encore que mes fonctions naturelles, je les remplisse en vue de l'harmonie, en vue de l'ordre. La sagesse est une beauté dans une lumière, une harmonie qui prend connaissance d'elle-même. Le sage seul est heureux. Il vit dans la joie continuelle de se sentir d'accord avec lui-même et avec l'univers, de se sentir semblable à Dieu. Il vit dans la fierté continuelle de savoir que son harmonie est son œuvre.

Quel est la première fonction naturelle ? Quel est le premier penchant, et, si on veut, le premier devoir du vivant ? Ce n'est ni la recherche du plaisir, comme le croient les Epicuriens ; ni l'amour de la conquête et de la domination, comme l'affirment brutalement les Calliclès d'hier et de demain.

Non, ces tendances ne sont pas premières. Ce qui est premier, c'est le besoin de conserver mon être, de protéger celui que je suis. Or, que suis-je ? Je ne suis pas un cœur ou un cerveau, un ventre ou des membres. Je suis un ensemble, et c'est l'ensemble que je suis, que je défends contre les forces hostiles. Ma première tendance est déjà de protéger, pauvre sans doute, et peu consciente, mais susceptible de s'enrichir, et de jouir intellectuellement d'elle-même, une harmonie.

La tendance vers mon bien, la tendance à ma conservation et à ma réalisation, se déforme en moi si je suis un insensé et devient les quatre passions, mouvements excessifs, en dehors de la norme de beauté et dont la laideur pénible et criarde, s'efforce vers les faux biens ou fuit lâchement des maux apparents. L'insensé subit la tristesse ou le plaisir, suivant qu'il est actuellement privé du faux bien ou qu'il est esclave d'une fausse jouissance actuelle ; il souffre du désir ou de la crainte, si la possession du faux bien ou sa privation est considérée dans l'avenir.

Le sage n'est pas insensible. Mais, au lieu des passions, agitations folles et excessives, il connaît les affections, mouvements beaux et eurythmés. Rien chez lui qui corresponde à la tristesse, puisque le sage possède toujours le bien véritable, lumière et force, raison et bonne volonté. Mais au lieu du plaisir et de ses petites secousses, il connaît la joie, la joie continue, semblable à une ascension dans la clarté. Au lieu de la crainte affolante, il connaît la souriante prudence qui veille toujours sur le trésor intérieur. Enfin l'effort du sage n'exige jamais l'impossible ou l'aléatoire ; cherche seulement ce qu'il peut toujours réaliser, la beauté même de l'effort : aussi le sage ne désire pas, mais il veut.

Vous le voyez, camarades, ce qui domine tout le stoïcisme, c'est le sentiment de l'unité de l'être et de son accord avec lui-même. Connaître l'harmonie que je suis, la réaliser de plus en plus et, à mesure que je la perfectionne, en prendre une conscience de plus en plus nette et de plus en plus large : Voilà l'essence de la doctrine.

En outre, les premiers Stoïciens construisent l'univers sur le modèle de leur sage. Ils projettent sur le monde le reflet de leur propre beauté et cette harmonie intérieure quand ils l'ont objectivée, ils l'appellent Dieu. Je suis loin de les en blâmer. En agissant ainsi, ils accomplissent une des fonctions continuelles de l'homme, animal poète et métaphysique, autant qu'animal aimant. J'aime que le savant ou le moraliste passent de leur science ou de leur morale dans la métaphysique et que leur rêve soit harmonieux à leur connaissance au point de paraître la continuer, je voudrais seulement qu'ils eussent toujours une claire conscience de ce qu'ils font, qu'ils sachent toujours dans l'éthique ou dans la science positive : « Ici, je suis dans la certitude. » Et, dès qu'ils arrivent au domaine flottant et incertain : « Me voici maintenant dans la beauté et la liberté du rêve. »

Hélas, les êtres complets et qui ne confondent pas leurs facultés poétiques avec leurs facultés scientifiques sont extrêmement rares. Hélas! la plupart des métaphysiques affirment, et la plupart des positivismes sont des appauvrissements. Le stoïcisme va, après cette période de richesse à laquelle je reproche un peu de confusion, traverser des siècles obscurs. Puis, après les indifférents Posidorius et les quelconques Panætius, il fleurira dans une gloire nouvelle au commencement de l'empire romain. Mais, dans ces temps difficiles et où l'effort de vivre noblement demandait toute l'application de l'âme, il oubliera sa richesse rêveuse, pour se donner entier à la pratique. Il créera les plus belles des statues vivantes, mais elles ne marcheront pas dans une lumière aussi large que la pensée de Chrysippe.

Le stoïcisme de cette époque sera presque uniquement une morale, une méthode de vie. Et il se divisera en deux tendances. Les uns, les faibles, les Sénèque en feront, par l'importance excessive donnée à la doctrine des choses préférables, une philosophie banale et énervée, et qui différera seulement par le vocabulaire de l'éthique péripatéticienne. Les autres, les forts, les Épictète mettront presque tout le stoïcisme dans le fier mépris des choses indifférentes. Ils l'allègeront comme on allège un vaisseau battu de la tempête et qui ne sombrera point. Ils en feront le dernier asile des grandes âmes. Ils en feront la dernière et la plus précise des beautés antiques. Ils en feront, débarrassée de tout excès, de toute âpreté, de toute folie de propagande, de toute crasse aussi et de toute mendicité, une forme dernière pure et sublime de la philosophie de la force défensive, un renouvellement définitif comme un chef-d'œuvre de la puissante ébauche que fut la morale cynique.

Han Ryner.

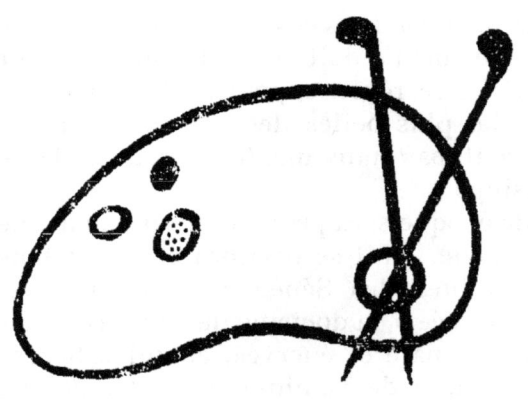

Original en couleur
NF Z 43-120-9

www.ingramcontent.com/pod-product-compliance
Lightning Source LLC
Chambersburg PA
CBHW060631050426
42451CB00012B/2536